DISCOURS

SUR

LA SITUATION DE L'ÉGLISE

PRONONCÉ

DANS L'ÉGLISE DE LA SORBONNE

LE 6 JANVIER 1862, JOUR DE L'ÉPIPHANIE,

A LA SUITE DE LA MESSE DU SAINT-ESPRIT
POUR L'OUVERTURE DES COURS DE LA FACULTÉ DE THÉOLOGIE

PAR MONSEIGNEUR L'ÉVÊQUE DE SURA

CHANOINE-ÉVÊQUE DE SAINT-DENIS
DOYEN DE LA FACULTÉ DE THÉOLOGIE DE PARIS.

PARIS.

TYPOGRAPHIE DE JULES DELALAIN

IMPRIMEUR DE L'UNIVERSITÉ.

—

1862.

L'ouverture des cours de la Faculté de théologie de Paris a été retardée, cette année, par la nomination de trois nouveaux professeurs. Elle s'est faite avec solennité. Son Éminence Monseigneur le cardinal-archevêque a bien voulu présider la cérémonie. Reçu à la porte de l'église, avec tous les honneurs qui sont dus aux princes de l'Église, l'illustre et vénérable Pontife, arrivé aux pieds de l'autel, a entonné le *Veni Creator*. La messe s'est dite devant lui. Mgr l'évêque de Sura, doyen de la Faculté, MM. les professeurs et les docteurs de la Faculté, revêtus des insignes du doctorat, occupaient les stalles du chœur.

Des stalles aussi avaient été réservées à M. le Recteur de l'Académie de Paris, et aux personnes qui, avec lui, représentaient le corps académique. Une assistance nombreuse et d'élite remplissait la nef. On y remarquait l'illustre vainqueur de Sébastopol, M. le maréchal Pélissier, duc de Malakoff. Les corps des inspecteurs généraux, des professeurs des Facultés et des Colléges, les curés et le clergé de Paris, les Séminaires, les congrégations religieuses et enseignantes y avaient de nombreux représentants.

Après la messe, Mgr l'évêque de Sura est monté en chaire, et a prononcé le discours qu'on va lire. Quand il a été terminé, Son Éminence Monseigneur le cardinal-archevêque a pris la parole pour témoigner à la Faculté sa bienveillance et lui donner de précieux encouragements. Ensuite, elle a appelé les bénédictions du ciel et les dons de l'Esprit-Saint sur les personnes et les travaux des professeurs.

La Faculté de théologie gardera le souvenir de cette fête qui semble lui promettre de nouveaux succès.

DISCOURS

SUR

LA SITUATION DE L'ÉGLISE

PRONONCÉ

DANS L'ÉGLISE DE LA SORBONNE

LE 6 JANVIER 1862, JOUR DE L'ÉPIPHANIE.

MONSEIGNEUR,

Dans une réunion où Votre Éminence va bénir la Faculté de Théologie et les travaux d'hommes qui ont consacré leur vie à l'enseignement et à la défense de la religion, serait-il possible d'ouvrir la bouche sans parler de la situation présente des esprits et de l'Église? Serait-il possible d'omettre les questions qui agitent les esprits, qui troublent les cœurs, et qui portent chacun à se demander où va le monde, où va la religion? Dans des circonstances aussi graves, le silence ne serait-il pas une sorte de trahison de la plus sainte des causes?

Mon intention n'est pas d'entrer dans aucune des questions qui ne conviennent pas à cette chaire ni à cette heure. Mais j'ai cru de mon devoir de dire avec simplicité et franchise comment j'envisage la situation actuelle, pour en déduire les obligations spéciales de notre Faculté, sur laquelle, Monseigneur, Votre Éminence daignera bientôt appeler les bénédiction du ciel.

Tout le monde reconnait et dit que l'Église traverse aujourd'hui une des phases les plus difficiles et les plus périlleuses de son histoire. Elle a connu des épreuves plus violentes ; elle n'en a pas connu de plus délicates, et peut-être de plus décisives pour la foi des peuples.

Quand les empereurs païens épuisaient sur son corps les fureurs d'une politique cruelle ou laissaient un libre cours contre elle à la rage populaire, elle découvrait sa poitrine où venaient s'émousser et s'user les traits de la persécution. Quand les princes hérétiques voulaient corrompre sa foi, elle leur opposait ses symboles et l'invincible constance de ses docteurs. Si une politique funeste inspirait à quelques souverains du moyen âge le dessein de la dominer, de l'asservir, de s'en faire un instrument de règne, soutenue par la foi des peuples, elle luttait courageusement pour son indépendance, et a fini par faire triompher le grand principe de la distinction des deux puissances, base des libertés modernes.

Lorsque l'amour des joies, des richesses terrestres ou de la domination corrompait dans ses ministres l'esprit évangélique, lorsque des abus à jamais déplorables se glissaient dans le sanctuaire dépouillé de son antique honneur, et ne présentant plus à la foi des peuples qu'un objet de mépris, l'Église, comme les corps vigoureux qui retrouvent dans leurs forces latentes les éléments de leur régénération, l'Église se réformait elle-même, et par cette réforme intérieure condamnait les réformes que l'esprit de révolte tentait en dehors d'elle et contre elle.

L'épreuve moderne de l'Église, j'ose le dire, est plus grave que celle des persécutions païennes ou hérétiques ; plus grave que celles qui provenaient de l'ambition des princes ou des défaillances de ses propres enfants. Elle triomphera de cette nouvelle épreuve comme elle a triomphé de toutes les autres. Mais comme cette épreuve dure encore, comme elle est arrivée même à une de ses phases les plus critiques, notre devoir est de l'étudier, et de nous efforcer de comprendre, autant que notre faiblesse nous le permet, les desseins de Dieu sur l'Église et sur le monde.

L'épreuve moderne ne commence pas de nos jours ; elle a déjà une durée séculaire. Elle a été introduite lorsqu'il s'est produit un doute public, une négation formelle de la vérité du christianisme et de la sainteté de l'Église. Elle consiste précisément dans ce doute, dans cette négation, passés à l'état d'opinion plus ou moins générale et publiquement manifestés. Ses commencements remontent donc au dix-huitième siècle. A cette époque, elle était principalement une attaque contre la vérité même du christianisme. Plus tard, et surtout de nos jours, elle est devenue une attaque contre la sainteté de l'Église. Dans l'une et dans l'autre époque, elle a pour but de mettre en opposition la raison et la conscience avec la religion. Dans la première époque, on dit au christianisme, à l'Église, à la religion : « Vous êtes ennemi de la raison et de la science. » Dans la seconde époque, on dit au christianisme, à l'Église, à la religion : « Vous êtes ennemi de la liberté et des progrès légitimes des sociétés humaines. »

Dans ces deux propositions se résument, se concentrent toute la force, tout le danger de l'épreuve. Ce danger est immense ; il tend à établir un

divorce irremédiable et éternel entre la raison, la science, la liberté, les progrès, d'un côté, et, de l'autre, le christianisme catholique ou l'Église. Il tend à faire marcher en sens inverse l'humanité et la religion, ou plutôt à engager entre elles une lutte violente, acharnée, mortelle, et dans laquelle devraient périr l'humanité ou la religion, si une force supérieure ne les rendait indestructibles sur cette terre.

J'ai eu donc raison de le dire; nous assistons à l'épreuve la plus redoutable et la plus décisive que l'Église et l'humanité aient jamais eu à subir.

L'attaque du dix-huitième siècle a été dirigée principalement, je l'ai dit, contre la vérité du christianisme; et, quoique l'éclat du génie et de l'esprit ne fût pas du côté de ses défenseurs, tout homme impartial doit reconnaître et avouer que le christianisme n'a pas été vaincu par la science du dernier siècle.

Si les bases du christianisme avaient été détruites par cette science; s'il avait été démontré que le christianisme repose sur une grande erreur historique, et que ses dogmes ne sont que des *bagatelles*, selon une expression fameuse du coryphée de l'incrédulité; quel serait l'homme sensé qui lui donnerait encore sa foi positive? Quel serait l'homme qui ferait tous les sacrifices qu'il demande pour rester sous le joug de croyances dont l'illusion serait évidente? Bien loin d'avoir succombé, la vérité historique et dogmatique du christianisme, après le dix-huitième siècle qui avait employé contre elle tantôt les armes de l'érudition et de la logique, tantôt celles plus redoutables, pour notre caractère national, du sarcasme et du ridicule, cette vérité historique et dogmatique a trouvé, de nos jours, en France, en Angleterre, en Allemagne, en Italie, dans toute l'Europe et en Amérique, les plus savants comme les plus éloquents défenseurs.

Tel n'est pas le sort des causes perdues : il faut bien le confesser.

La rénovation religieuse, ce fait si éclatant de notre âge, est venu prouver à tous la puissante vitalité du christianisme; et quoiqu'on puisse essayer de l'expliquer par des causes indépendantes de la vérité du christianisme, il n'en est pas moins certain que si son erreur avait été démontrée, cette rénovation n'aurait pas été possible, au moins au même degré et avec les mêmes caractères.

Il est donc certain que l'opposition du christianisme avec la raison n'a point été démontrée par la science du dix-huitième siècle. Il est certain que le christianisme reste dans la vérité de son histoire et de ses dogmes. Il est certain qu'il a été vainqueur dans la première phase de l'épreuve scientifique.

Je sais bien que cette épreuve n'est pas finie; bien loin de là. Je sais bien que la science antichrétienne et rationaliste a subi de nos jours une transformation complète, qu'elle a changé ses armes et son ordre de batterie ; et nous la rencontrerons bientôt sur notre chemin.

Mais je ne crains pas de dire que l'attaque purement scientifique serait bien faible et bien impuissante, si elle n'avait pas pour auxiliaire l'attaque morale. Il y aura toujours assez de certitude dans l'histoire du christianisme; assez de vérité, de lumière, de beauté, de grandeur dans ses dogmes, pour défier la critique et la forcer au silence. Mais la tactique qui consiste à mettre le christianisme catholique, l'Église en opposition avec tous les principes, toutes les lois, toutes les institutions, tous les progrès des sociétés modernes, est bien plus efficace ; et quand on sera parvenu à montrer aux peuples, dans l'Église, un ennemi qui conspire contre leur dignité et leur félicité, on aura porté la révolte dans leur conscience, et dès lors la foi ne trouvera plus de prise sur leur raison.

Cette épreuve morale, qui a commencé au dix-huitième siècle, est arrivée, dans le nôtre, à son paroxisme, et c'est sur elle qu'il faut fixer, en ce moment, notre plus sérieuse attention.

Une révolution universelle, immense, profonde, a changé la face de notre France et introduit un ordre nouveau, quoique préparé par tout ce qui l'avait précédé. Dans ce grand mouvement, l'erreur, la vérité, le bien, le mal, les plus nobles sentiments, les passions les plus coupables, les vertus, les crimes, se sont mêlés, se sont heurtés dans des proportions inconnues jusqu'à notre époque. Les théories, les doctrines les plus insensées ont eu leur jour de puissance et de règne : on a pu croire que cette révolution était essentiellement dirigée contre Dieu, contre sa religion, contre son Église. Mais le torrent dévastateur, après avoir promené ses ravages sur le sol de la patrie, est rentré dans son lit, s'est épuisé et desséché peu à peu, et les principes éternels des sociétés humaines ont repris leur légitime et nécessaire empire. Toutefois, après cette restauration de l'ordre public, la société ne s'est plus trouvée ce qu'elle était avant ces prodigieuses commotions. Elle a été entièrement renouvelée jusque dans ses fondements. A l'ancienne omnipotence royale, à l'antique alliance de l'Église avec l'État, ont succédé les principes de la liberté civile, politique, religieuse. La France a pu se donner des gouvernements libres. Ses enfants n'ont formé qu'une seule famille. L'égalité civile, l'égalité devant la loi en a été la base essentielle. La justice, la dignité humaine ont fait des progrès incontestables. La richesse s'est généralisée; le bien-être s'est accru, et la carrière de tous les progrès civils, politiques, économiques, s'est ouverte devant les enfants de la France, rétablis dans la pleine possession d'eux-mêmes et de leurs facultés.

Dans l'ordre religieux, l'État s'est déclaré incompétent ou plutôt impuissant à diriger la conscience des citoyens. Il a laissé les âmes à elles-mêmes, en proclamant le principe de la liberté de conscience, des cultes, de la presse.

Tels sont les résultats définitifs de cette révolution qui semblait d'abord vouloir replonger le monde dans le cahos. Tel est l'ordre nouveau qui s'est établi; tels sont les principes qui survivent, et qui, passés dans le sang de la France, forment comme son âme, sa conscience, sa raison publique. Elle n'abandonnera pas des principes qui lui paraissent la condition de la paix et de l'ordre, comme de tous les progrès qui peuvent être encore accomplis dans la justice, dans la liberté, dans la richesse publique. Elle n'abandonnera pas des principes qu'elle considère comme l'expression véritable des besoins sociaux, et qui, à ce titre, forment la base de toutes les constitutions politiques qui nous régissent depuis plus d'un demi-siècle.

Maintenant, quelle a été, quelle est encore l'attitude de l'Église vis-à-vis de cette révolution et des principes de l'ordre nouveau qui en sont sortis?

D'abord, avec la raison et la conscience publiques, elle a condamné toutes les erreurs, tous les crimes, tous les attentats de la révolution; et certes, nul homme sensé ne peut lui en faire un reproche.

Quant aux principes de l'ordre nouveau qui règne parmi nous, et qui tend à se généraliser dans le monde, l'attitude de l'Église a été celle qui convenait à son autorité divine et à ses traditions saintes.

Distinguons d'abord les principes de la liberté, et même de l'égalité civile et politique, de ceux qui se rapportent à la liberté intellectuelle.

Relativement aux premiers, quand ils sont pris dans leur sens légitime, l'Église ne pourrait les condamner sans condamner, en même temps, les doctrines de ses plus célèbres docteurs. Je ne crois pas qu'il soit nécessaire de m'étendre sur ce sujet. Là n'est pas la difficulté.

Par l'organe de ses Pontifes, l'Église a fait entendre de graves avertissements touchant les principes de la liberté de conscience, des cultes, de la presse.

Elle a dit au monde que si ces principes n'étaient qu'une émanation de la doctrine impie de la souveraineté de l'homme, de l'indifférence religieuse, de l'athéisme politique, ils seraient mauvais comme la source empoisonnée dont ils sortiraient.

Elle a dit au monde que si ces principes étaient pris dans le sens d'une liberté illimitée, ils seraient incompatibles avec l'ordre public et social; que si on leur attribuait une valeur absolue pour tous les temps et pour tous les lieux, on tomberait dans une grave erreur.

Elle a rappelé les droits sacrés de l'Église de condamner, de prohiber l'erreur et les livres qui la renferment.

Dans ses enseignements solennels, l'Église a prouvé qu'elle était toujours le guide et la lumière des nations, et qu'il lui appartenait toujours de leur signaler les écueils, les abîmes qu'elles peuvent rencontrer sur leur route.

Mais ces principes, entendus, non pas dans le sens que leur donnent certains philosophes et certaines écoles, mais dans celui que leur attribuent les législateurs, les lois politiques, la raison publique : ces principes, considérés comme expression des nécessités et des besoins de nos sociétés modernes, comme conditions de l'ordre et de la paix publique, comme un moyen de rétablir, dans les consciences, l'empire de la vérité; ces principes, interprétés avec sagesse et modération, n'ont jamais été condamnés par les souverains Pontifes. Ils les ont laissé soutenir par des évêques, des écrivains, des catholiques illustres. Ils ont autorisé le serment de fidélité aux constitutions qui les proclament. Et, comme confirmation providentielle d'une aussi sage conduite, nous pouvons constater que c'est sous l'empire des principes de liberté que la rénovation religieuse s'est opérée parmi nous, et que la religion a fait aussi de grands progrès chez des nations étrangères.

Voilà cependant à quoi se réduit la prétendue opposition de l'Église aux intérêts modernes, au droit moderne. Soyons justes et n'oublions pas que la religion a plutôt pour but de diriger, de contenir même les facultés humaines, que d'en provoquer, d'en surexciter le développement sans règle. En présence d'une révolution qui a déplacé, qui déplace encore violemment toutes les bases de l'ordre ancien, qui, en dehors de l'ordre public, laisse les facultés humaines sans limites et sans frein, nous ne nous étonnons donc plus que l'Église ait gardé et garde encore une attitude réservée, expectante. Reconnaissons que cette position est digne de sa longue expérience, de sa vieille sagesse, et qu'au fond, elle ne compromet rien de ce qui doit survivre à nos agitations éphémères, à l'effervescence de nos passions, rien de ce qui doit durer.

Dans la sereine région des principes, pour un esprit élevé, calme et attentif, il n'y a donc pas, il ne peut y avoir d'hostilité réelle de l'Église contre les lois politiques et sociales des nations modernes.

Si maintenant nous entrons dans la région des faits, nous y trouverons des complications plus graves, car nous serons alors sur le théâtre des intérêts, des passions et des erreurs humaines. Dans les rangs de nos frères, nous rencontrerons des philosophes illustres qui ont bien mérité de la religion, et qui cependant ont employé toute la puissance de leur génie à combattre le droit moderne. Nous rencontrerons les écoles qu'ils ont formées, et qui souvent ont exagéré leurs propres exagérations. Nous nous trouverons en présence d'oppositions aveugles, de réactions regrettables et funestes; de polémiques qui ne prennent pas toujours pour règle les principes de la justice et ceux de la charité.

Mais il ne faut pas oublier que nous sommes ici dans le domaine de la libre appréciation, et que nous avons le droit de condamner ce qui, après un juste examen, nous paraît mériter de l'être. Il ne faut pas oublier surtout que la grande et délicate question que nous traitons se résout bien plus par les principes que par les faits. Les faits sont individuels et passent; les principes sont universels et restent. Il n'y a que ce qui dure qui ait vraiment de la force.

Et cependant ce sont ces théories absolues et exclusives, ces oppositions, ces réactions, ces injustices, ces violences de langage qui fournissent les principales armes contre l'Église. C'est sur ces fondements que s'appuient des hommes trompés pour proclamer tous les jours que l'Église est l'ennemie des peuples, qu'elle conspire contre eux avec tous les despotismes; qu'elle est en opposition avec la conscience publique, et que, déchue de sa sainteté, elle ne peut plus diriger l'humanité dans sa marche vers l'avenir; qu'en un mot, elle est condamnée par la conscience comme par la raison.

Et ces accusations s'écrivent et se lisent tous les jours. Elles retentissent dans les lieux de réunions publiques, comme dans le foyer domestique. Elles s'adressent au jeune homme qui embrasse les carrières libérales, comme au jeune ouvrier qui doit gagner sa vie à l'aide de ses bras. Elles irritent, elles enflamment les cœurs. La séparation semble se prononcer de plus en plus entre l'Église et le monde. L'abîme entre eux semble se creuser de plus en plus large et profond.

Et que deviendrait cette société, quand l'Église et l'Évangile, quand Jésus-Christ et Dieu s'en seraient retirés? Dépouillée de sa foi religieuse, l'humanité irait éteindre sa raison et sa conscience, irait ensevelir sa dignité et son honneur dans je ne sais quel panthéisme théorique, qui se résoudrait fatalement en athéisme pratique.

Voilà le suprême danger du temps et des âmes; voilà la grande épreuve que subissent l'Église et le monde. Quels sont les devoirs que nous impose une situation aussi grave?

Le monde ne peut être sauvé que par la rénovation complète de l'esprit évangélique et chrétien. Comme aux jours de sa décadence païenne, il ne peut être sauvé que par Jésus-Christ et par l'esprit de Jésus-Christ.

Or, l'esprit de Jésus-Christ est un esprit d'abnégation, de justice et de charité.

Pour remplir notre mission dans le monde moderne, nous devons d'abord nous pénétrer de toute l'abnégation chrétienne. Le temps, dans sa marche irrésistible, a dépouillé le clergé de ses richesses, de ses priviléges civils, de sa puissance politique, de l'appui matériel du bras séculier : ne regrettons aucun de ces avantages, qui devenaient souvent la source de tant d'abus ; ne regrettons pas le passé. Acceptons le présent, acceptons avec courage l'épreuve de la liberté ; et, sans sacrifier aucun des droits essentiels et inamissibles de la vérité, ne cherchons à la répandre, à la faire régner que par la persuasion : c'est aujourd'hui le seul moyen de reconquérir les âmes ; tout autre les révolterait.

En face de ces nécessités, comprenons que Dieu impose à tous ses ministres le devoir rigoureux d'être des hommes de dévouement complet ; de vrais apôtres. Car ce n'est que dans l'exemple des vertus évangéliques et dans le spectacle de l'héroïsme chrétien que la vérité peut trouver les forces nécessaires pour lutter avec avantage contre la liberté de l'erreur.

Je viens de dire que l'abnégation chrétienne n'était pas le sacrifice des droits essentiels de la vérité et de l'Église. Il en est, en effet, qu'elle ne peut jamais consentir à perdre. A leur tête, et les résumant tous, se trouvent sa liberté et son indépendance. Fille du ciel, elle ne reconnaît aucune autorité civile ou politique qui puisse la gouverner. Ses doctrines, ses institutions viennent de Jésus-Christ, et ne relèvent que de lui. Elle demande donc au monde la liberté complète de son enseignement, de sa hiérarchie, de son culte, de ses assemblées, de ses associations.

En réclamant cette liberté, elle ne nie pas, elle ne peut pas nier les droits de l'État, qui sont les droits mêmes de l'indépendance et de la souveraineté temporelle de la société laïque. Cette société a le droit incontestable de se défendre, de se conserver, de maintenir ses lois justes; et, avec un véritable esprit de justice et de modération, il sera toujours possible, même facile, de concilier entre eux les droits de l'Église et ceux de l'État.

Si l'Église doit être libre, à plus forte raison son chef doit-il posséder cette liberté. Quelle douleur la parole que je viens de prononcer ne réveille-t-elle pas dans tous les cœurs catholiques! Quelle épreuve est venue assaillir le vicaire de Jésus-Christ, le Père de nos âmes! Elle résume toute celle de l'Église en ce moment. Le Souverain Pontife défend la souveraineté temporelle qu'il a reçue de ses prédécesseurs, et qui n'a de prix à ses yeux que comme condition et garantie de sa liberté. L'épiscopat, l'Église tout entière s'associe à son Pontife. L'épée de la France protége ce qui reste de cette souveraineté. Ah! que la paix se fasse, que l'ordre renaisse, et que le meilleur des Pontifes soit libre de suivre toutes les inspirations de sa sagesse, de sa générosité, de son amour pour son peuple et pour l'Église!

J'ai dit qu'à la pratique de l'abnégation chrétienne il fallait joindre le culte de la justice. Ce culte consiste dans le respect du droit, mais du droit véritable, c'est-à-dire du droit qui est la conciliation de tous les droits, des droits de la raison, comme de ceux de la foi ; des droits de la liberté, comme de ceux de l'autorité ; des droits des peuples, comme de ceux des souverains ; des droits de l'État, comme de ceux de l'Église. Il n'y a de vraie justice que dans ce culte universel du droit universel, et rien n'est plus opposé à cette complète justice que l'esprit de parti, cette défaillance de tant de cœurs honnêtes, et dont le clergé doit se préserver comme du plus grand danger que puissent courir aujourd'hui son honneur et son influence.

Si nous nous pénétrons de cet amour de la justice, nous serons justes envers nos frères errants, et nous saurons reconnaître et honorer en eux la portion de vérité qu'ils retiennent et le bien qu'ils pratiquent.

Nous serons justes envers nos adversaires eux-mêmes, et nos controverses seront toujours empreintes de cet esprit de gravité, de modestie et de douceur que l'apôtre recommande : *Cum modestia corripientem eos qui resistunt veritati* [1].

Mais l'amour est la perfection de la justice. C'est peu d'être juste, il faut aimer. Il faut aimer nos adversaires et nos frères errants. Que d'intelligences élevées, que de nobles cœurs, que d'intentions droites

1. Tim., II. 25.

parmi eux! Ce sont souvent nos injustices, nos colères, nos amertumes qui empêchent la vérité complète d'arriver jusqu'à des âmes faites pour elle, et craignons cette redoutable parole : *Sanguinem ejus de manu tua requiram*[1].

Parmi les objets de nos plus chères affections, nous devons placer la France et le siècle.

Oui, nous devons aimer la France; son âme pétrie par le catholicisme; son génie, qui est celui de la générosité et du désintéressement; son passé, qui a connu tant de gloire; son présent, qui n'est pas au-dessous de son passé; ses institutions perfectibles, dans lesquelles le travail de toute son histoire et la lente formation de quinze siècles viennent se résumer et s'exprimer. Il faut aimer la France, parce que sa puissance d'expansion fera rayonner sur le monde la foi ranimée dans son sein.

Aimer la France, c'est aimer notre siècle. Et pourquoi ne serions-nous pas justes envers notre siècle? Pourquoi n'aimerions-nous pas notre siècle?

Oui, en rendant aux institutions du passé la justice qu'elles méritent, j'aime le siècle qui a fait régner sur tous une loi égale. J'aime le siècle qui appelle tous ses enfants, sans distinction, au travail comme aux honneurs. J'aime le siècle qui laisse aux facultés humaines leur développement, et qui, tout en maintenant inviolable l'ordre public, préfère les voies de la persuasion à celles de la contrainte. J'aime le siècle qui a connu plus de liberté politique qu'aucun de ceux qui l'ont précédé.

1. Ezéch., III. 18.

J'aime le siècle, parce qu'il s'est souvent montré plein de sympathie pour les causes justes. J'aime le siècle, parce qu'il n'a pu s'arrêter aux doctrines insensées qui ont voulu le séduire, et qu'il me semble travaillé d'un besoin profond de retourner à Dieu et à son Christ. J'aime le siècle, malgré sa coupable indifférence, parce que j'espère qu'il en secouera la torpeur, et qu'il ne mettra pas sa vie entière dans les jouissances matérielles. Je l'aime dans sa grandeur et dans sa misère, dans sa force et dans sa faiblesse, dans sa richesse et dans sa pauvreté. Je l'aime enfin dans toutes ses nobles aspirations, et je demande à Dieu qu'il arrive à la justice complète, à une liberté digne de la maturité de son âge, à une paix assurée, et surtout à la foi, condition souveraine de la possession parfaite et durable de ces biens.

Heureux ceux qui peuvent seconder son élan vers ces biens véritables. Mais pour agir sur lui, il faut le comprendre, lui rendre toute justice, lui donner l'amour qu'il mérite. Ce n'est qu'en l'aimant que nous le ramènerons à Jésus-Christ.

Ah! si nous étions tous animés de cet esprit, la conquête des âmes serait à moitié accomplie! Si le siècle ne voyait plus dans le prêtre un ennemi dont il se défie ; s'il se sentait aimé, il accepterait son influence; il l'accepterait partout. Avec quelle facilité un clergé fidèle, dévoué, ferme, mais en même temps bienveillant, généreux, pacifique, conciliant, ne présenterait-il pas aux esprits, devenus attentifs, la religion dans la beauté de ses dogmes, dans la sainteté de ses institutions, dans la force de ses preuves. L'ordre renaîtrait dans les esprits, et, avec l'ordre des esprits et la grâce divine, la foi reprendrait son empire sur les cœurs. Alors l'union morale de l'Église avec la société moderne s'opérerait pour la gloire de Dieu, pour le salut du monde, et cette union féconde ne permettrait à personne de regretter l'antique alliance politique de l'Église avec l'État.

Je sais que l'esprit, que les vertus que j'invoque, existent dans cet illustre clergé français, auquel j'ai l'honneur d'appartenir; dans cet épiscopat vénérable, qui sera toujours pour notre France une gloire, et pour moi, si j'ose me nommer, un modèle et l'objet de ma plus profonde comme de ma plus tendre vénération. Mais il m'est permis, sans doute, de faire des vœux pour que cet esprit et ces vertus si nécessaires se généralisent de plus en plus, prennent de plus en plus de l'extension et de l'empire.

C'est avec cet esprit, mes chers collègues, que toutes les questions scientifiques peuvent être sûrement abordées aujourd'hui. Je l'ai dit, et vous le savez, à la science légère de l'antichristianisme du dernier siècle a succédé une science plus sérieuse, plus profonde, et qui veut être plus impartiale. Avec un zèle digne d'une cause meilleure, cette science infatigable accumule ses recherches, ses travaux, ses attaques. L'état de la controverse se trouve notablement changé par elle, et les réponses et les apologies qui suffisaient, il y a encore quelques années, ne sont plus suffisantes aujourd'hui. De grands efforts, de grands travaux sont nécessaires pour mettre l'apologétique et l'exposition de nos dogmes en harmonie complète avec l'état présent de la science.

Mais, soutenus et animés par l'esprit que je viens d'invoquer, ne redoutez pas le combat. Envisagez avec sang-froid tous les problèmes exégétiques, historiques, dogmatiques, soulevés par cette science. Vous découvrirez aisément son côté faible et vulnérable dans l'esprit de système qui la domine. Vous verrez, vous démontrerez que le fond principal de toutes ces spéculations hostiles est le système philosophique de tel ou tel penseur d'outre-Rhin, système aujourd'hui tombé en discrédit jusque sur le sol qui l'a vu naître. La partie purement scientifique de ces travaux méritera, de votre part, plus d'attention, et vous pourrez souvent faire vos profits des recherches et des aperçus de vos adversaires.

Par ces nobles efforts, mes chers collègues, travaillez à constituer la théologie savante que le dix-neuvième siècle attend encore, malgré tant de grands travaux et de préparations utiles. Cette théologie, en harmonie complète avec l'état de la science et des esprits, dissipera tous les nuages du rationalisme, de l'antichristianisme, et replacera nos dogmes et notre histoire dans le pur éclat de leur éternelle lumière.

Ainsi vous remplirez votre noble et sainte mission, et vous travaillerez à l'avancement du règne de Dieu sur la terre. Ainsi vous serez dignes de la grande et illustre école dont vous devez perpétuer le nom et l'honneur.

Monseigneur,

C'est sur ces travaux si nécessaires, qui peuvent être si utiles, que, dans ce moment solennel, nous appelons, du fond de nos cœurs, les bénédictions de Votre Éminence. Que vos mains pontificales fassent descendre sur nous l'Esprit de vérité, de justice, de charité, d'intelligence, de science, de prudence. Votre Éminence est pour nous, en ce moment, le représentant de l'évêque des évêques, du pasteur des pasteurs, du docteur de tous les chrétiens, de celui qui a reçu le plein pouvoir de régir l'Église de Jésus-Christ, du vrai vicaire de Jésus-Christ. Dans votre personne sacrée, nous lui promettons toute notre fidélité, toute notre obéissance, tout notre dévouement. En particulier, je ne dois pas oublier que c'est à vos pieds, Monseigneur, aux pieds de cet autel, que j'ai fait mon serment d'évêque, que je saurai tenir, avec la grâce de Dieu.

Puisse le témoignage de notre vénération et de notre amour monter jusqu'au Pontife suprême. Et lui aussi, puisse-t-il un jour répandre sur notre Faculté cette bénédiction apostolique dont nous avons toujours proclamé la nécessité; que nous avons toujours désirée, toujours demandée, toujours recherchée, et qui sera, nous l'espérons, la récompense et le couronnement de nos travaux!

Imprimerie Delalain,
78, rue des Écoles, Paris.

LETTRE

ADRESSÉE A S. S. PIE IX

PAR

MONSEIGNEUR L'ÉVÊQUE DE SURA.

TRÈS-SAINT PÈRE,

Les évêques qui n'étaient pas présents à Rome lors de la célébration de la dernière Pentecôte, s'empressent d'envoyer à Votre Sainteté leur adhésion aux enseignements et aux actes qui rendront ce jour à jamais mémorable. Quoique le dernier d'entre eux, je croirais manquer à mes devoirs si je ne manifestais publiquement mes sentiments et mon union d'esprit et de cœur avec mes vénérables collègues et avec le Siége apostolique de Votre Sainteté.

Oui, très-saint Père, c'est avec la plus profonde vénération que j'ai lu l'allocution que Votre Sainteté a prononcée dans cette circonstance solennelle.

Prenant à leur source, dans l'affaiblissement et l'obscurcissement de la croyance au Dieu parfait et vivant, les tristes erreurs qui voudraient jeter le monde dans les voies du plus grossier matérialisme, vous les avez flétries avec toute l'autorité de votre Siége suprême ; vous les avez condamnées au nom de la raison comme à celui de la foi.

C'est avec vérité, très-saint Père, que Votre Sainteté a rattaché à cet athéisme à peine déguisé ces négations de la révélation divine, de l'ordre surnaturel, de la divinité de l'Église, de ses droits, de sa liberté, de sa légitime influence, ces négations qui tendraient à effacer de la terre toute trace de Dieu et de son Christ.

Qu'il me soit permis de dire, très-saint Père, que depuis que je tiens une plume, je combats, dans l'humilité et la médiocrité de mes forces, ces erreurs qui menacent le monde d'une barbarie nouvelle.

Remplissant le devoir de votre charge suprême, en donnant au monde les avertissements que réclament ses maladies et ses besoins, vous ne pouviez pas, dans les circonstances actuelles, ne pas rappeler l'origine providentielle de la souveraineté temporelle du Saint-Siége et sa nécessité dans l'état présent des choses humaines, afin que le Pontife romain ne soit sujet d'aucune puissance civile et gouverne l'Église de Dieu avec une entière liberté.

Après avoir entendu des enseignements qui prouvent que *Pierre vit toujours dans son successeur*, les évêques qui avaient le bonheur d'entourer votre personne sacrée pouvaient-ils ne pas adresser au Chef de l'Église un langage ému et plein de vénération, d'amour, de dévouement, de fidélité inviolable?

Je m'associe de tout mon cœur à tous ces sentiments de mes vénérables collègues. Je proclame avec eux tous les priviléges du Pasteur suprême, toutes les vertus de celui que nous avons le bonheur d'appeler notre père. Avec eux, je proteste contre tous les actes injustes et violents qui ont affligé le cœur de Votre Sainteté, et que l'histoire jugera.

Je les loue, en particulier, d'avoir dit que le règne du droit est la condition de la sécurité des princes comme de la liberté des peuples, prouvant par ces dernières paroles que cette liberté leur est chère. Et c'est avec raison : car, selon mon humble opinion, les agitations politiques du monde moderne et les tristes complications de nos jours ne trouveront leur assiette et leur terme que par la sanctification de la liberté.

Je les loue encore d'avoir montré qu'ils acceptent toutes les formes légitimes des gouvernements humains.

Je les honore enfin d'avoir rappelé que nous sommes citoyens en même temps qu'évêques; et, à ce titre de citoyen, il m'est impossible de ne pas rendre ici un public hommage à ma patrie et au Chef glorieux qui préside à ses destinées, pour la protection qu'ils ont accordée, qu'ils accordent, qu'ils accorderont toujours, j'en ai la confiance, aux intérêts sacrés de la religion, de l'Église, du Saint-Siége, comme à ceux de la justice, de la dignité et de la liberté des peuples. En sollicitant la bénédiction apostolique, je supplie Votre Sainteté, etc.

Sorbonne, le 6 août 1862.

† H. L. C. *Évêque de Sura.*

PIUS PP. IX.

VENERABILI FRATRI HENRICO LUDOVICO CAROLO EPISCOPO SURENSI IN PARTIBUS INFIDELIUM.

Venerabilis frater, salutem et apostolicam benedictionem. Observantissimas tuas libenter accepimus litteras die 6 hujus mensis ad nos datas. Ex eisdem autem intelleximus, venerabilis frater, quanta veneratione legeris allocutionem a nobis in consistorio die 9 proximi mensis junii habitam, et quanta alacritate vehementer damnes ac detesteris omnes præsertim errores per eamdem allocutionem a nobis proscriptos et damnatos. Novimus etiam te ex animo adhærere iis omnibus quæ venerabiles fratres catholici orbis sacrorum antistites Romæ commorantes die festo Pentecostes, in præclaris suis litteris ad nos datis mira sane consensione palam publiceque declarare vel maxime gloriati sunt. Grati nobis admodum fuere hujusmodi egregii tui sensus, qui omni laude digni luculenter ostendunt quæ sit singularis tua erga nos et hanc sanctam sedem fides, pietas et observantia, et quomodo tibi cordi sit catholicæ Ecclesiæ, hujus apostolicæ sedis, ac veritatis et justitiæ causa. Non mediocri autem jucunditate ex eisdem tuis litteris agnovimus, te omnem tuam operam in sanctissimæ nostræ religionis causa tuenda, atque in tot perniciosissimis erroribus refellendis velle semper impendere. Ne desinas vero, venerabilis frater, ferventissimis precibus Deum sine intermissione orare et obsecrare, ut im-

PIE IX, PAPE,

A L'ÉVÊQUE DE SURA.

Vénérable frère, salut et bénédiction apostolique.

Nous avons reçu la lettre très-respectueuse que vous nous avez adressée le 6 de ce mois. Nous avons pu apprécier par elle la vénération avec laquelle vous avez lu l'allocution que nous avons prononcée dans le consistoire du 9 juin dernier. Nous avons pu connaître également avec quelle spontanéité et quelle force vous condamnez et détestez toutes les erreurs que nous avons proscrites et condamnées nous-même par cette allocution. Nous savons aussi que vous adhérez de cœur à toutes les déclarations que les évêques du monde catholique qui se trouvaient à Rome le jour de la Pentecôte nous ont présentées publiquement avec une admirable unanimité dans leur célèbre lettre. Ces nobles sentiments de votre âme nous ont été très-agréables, ces sentiments dignes de toute louange qui manifestent avec évidence votre fidélité, votre piété, votre respect envers nous et notre Siége, et combien vous avez à cœur la cause de l'Église catholique, de ce Siége apostolique, de la vérité et de la justice. C'est avec une grande satisfaction que nous voyons encore par votre lettre que vous voulez toujours continuer de consacrer votre vie tout entière à la défense de notre sainte religion et à la réfutation des erreurs les plus pernicieuses. Continuez aussi, vénérable frère, d'adresser à Dieu, sans relâche, de ferventes prières, afin qu'il com-

peret ventis et mari, atque optatissimam faciat tranquillitatem, et præsentissimo suo auxilio adsit nobis, adsit Ecclesiæ suæ et omnipotenti sua virtute omnes Ecclesiæ et hujus apostolicæ sedis inimicos humiliet eosque de iniquitatis via ad justitiæ salutisque semitas reducat. Denique cœlestium omnium munerum auspicem, et paternæ nostræ in te caritatis pignus, apostolicam benedictionem intimo cordis affectu tibi ipsi, venerabilis frater, peramanter impertimus.

Datum Romæ apud S. Petrum die 18 augusti anno 1862, pontificatus nostri anno decimo septimo.

Pius PP. IX.

mande aux vents et à la mer, qu'il nous rende la paix après laquelle nous soupirons sans cesse, qu'il nous fasse sentir sa présence, qu'il la fasse sentir à son Église, et que, par sa toute-puissance, il humilie tous les ennemis de l'Église et du Saint-Siége, pour les ramener des voies de l'iniquité dans celles de la justice et du salut. Enfin, comme gage de tous les dons célestes, et comme témoignage de notre affection paternelle, nous vous accordons du fond du cœur et avec amour, vénérable frère, notre bénédiction apostolique.

Donné à Rome, auprès de Saint-Pierre, le 18 août 1862, dix-septième année de notre pontificat.

Pie IX, Pape.

Paris. Imprimerie Jules Delalain, rue de la Sorbonne, 1

www.ingramcontent.com/pod-product-compliance
Ingram Content Group UK Ltd.
Pitfield, Milton Keynes, MK11 3LW, UK
UKHW020222180726
13838UKWH00005B/2139

9 782329 421360